Ragna Degen

JETZT MAL EHRLICH!

RAGNA DEGEN

JETZT MAL EHRLICH!

1000 FRAGEN

ÜBER MICH, DAS LEBEN UND DEN GANZEN REST

LÜBBE

TACH!

Hier kommt ein Haufen Fragen. Mehr als 1000, um genau zu sein. Manche davon sind ein bisschen intim, peinlich, vielleicht auch gemein, die meisten sind aber richtig nett, aufregend, mitunter lustig und überraschend. Es ist ein Vergnügen, zu antworten – probier's aus!

Ich würde mich stark freuen, wenn du mit dem Buch in der Hand kichernd deiner besten Freundin um den Hals fällst, laute Selbstgespräche in der Badewanne anfängst, erstaunt deinen Bruder anstarrst oder zu Tränen gerührt deinen Verlobten. Meine Fragen sollen dich retten vor öden Partys, langweiligen Zugfahrten und enttäuschenden Dates – wenn du willst.

Jetzt mal ehrlich:
Hammerbuch, oder?

Ich wünsche dir mit diesem Buch viel Gelächter, ein bisschen Stirnrunzeln, etliche Überraschungen, ein paar schöne Erinnerungen und die ein oder andere Erkenntnis!

Alles Liebe
RAGNA

INHALT

COME AS YOU ARE

Wer, was und wie du bist

Was ist dein Lebensmotto?

Woran könnte man dich im Dunklen erkennen?

Magst du deinen Namen?

MAL MAL ...
deine Initialen,
so schön du kannst.

Wenn du dir deinen Namen selbst
hättest aussuchen können:
Welchen hättest du genommen?

Hast du eine typische Geste?

Was an dir ist schön?

Was ist deine Lieblingsfarbe?

Von allen Menschen, die du kennst,
wer ist dir am ähnlichsten?

WAS SIND DEINE AKTUELLEN LIEBLINGSSONGS?

1 ....

2 ....

3 ....

Was sammelst du?

....

MAL MAL ...

deine liebste Comicfigur.

WAS BESCHREIBT DICH AM BESTEN?

- ◯ **Leitwolf**
- ◯ **Vermittler**
- ◯ **Erfolgsmensch**
- ◯ **Romantiker**
- ◯ **Beobachter**
- ◯ **Genießer**
- ◯ **treuer Begleiter**
- ◯ **Erneuerer**
- ◯ **Helfer**
- ◯ **Abenteurer**
- ◯ **Forscher**
- ◯ **Outlaw**
- ◯ **Ratgeber**
- ◯ **Scherzkeks**
- ◯ ....

Von allen Menschen, die du kennst,
wer ist dir am unähnlichsten?

....

WAS HAST DU IMMER BEI DIR, WENN DU AUS DEM HAUS GEHST?

1 ....

2 ....

3 ....

4 ....

5 ....

WER SIND DEINE BESTEN FREUNDE?

1 ....

2 ....

3 ....

4 ....

5 ....

Wenn du ein Tier wärst,
welches wärst du?

....

WAS WÄRE DEINE PARADEROLLE IM TATORT?

- ◯ **die Leiche**
- ◯ **der Kommissar**
- ◯ **der Mörder**
- ◯ **der Pathologe**
- ◯ **die Witwe / der Witwer**
- ◯ **der Staatsanwalt**
- ◯ **die Spurensicherung**
- ◯ ....

Von allen Menschen, die du kennst, wer ist dir am nächsten?

Wie lange könntest du ohne Waschmaschine auskommen?

Was ist dein liebstes Hobby?

Wie würdest du dich beschreiben, sodass dich jemand erkennt, der dich noch nie gesehen hat?

Was ist deine beste Eigenschaft?

WELCHE DINGE BESITZT NUR DU AUF DER WELT?

1 ....

2 ....

3 ....

4 ....

5 ....

MAL MAL ...

das Allerwichtigste,
das du besitzt.

AUF EINER SKALA VON 1 BIS 5 – WIE GUT KANNST DU …

1 2 3 4 5 **… verlieren?**

1 2 3 4 5 **… singen?**

1 2 3 4 5 **… tanzen?**

1 2 3 4 5 **… malen?**

1 2 3 4 5 **… planen?**

1 2 3 4 5 **Wie nachtragend bist du?**

1 2 3 4 5 **Wie pragmatisch bist du?**

1 2 3 4 5 **Wie schüchtern bist du?**

WAS WAREN DIE LETZTEN KONZERTE, AUF DENEN DU WARST?

1 ……………………………………………………………

2 ……………………………………………………………

3 ……………………………………………………………

MAL MAL ...

einen Gegenstand, der dich zum Lachen bringt.

STELL DIE PLAYLIST FÜR DEINE NÄCHSTE PARTY ZUSAMMEN.

Fang mit den Liedern an, die deine Gäste zum Tanzen bringen.

1 ....

2 ....

3 ....

UND BEI WELCHEN SONGS SINGST DU AM LAUTESTEN MIT?

1 ....

2 ....

3 ....

WELCHE SONGS DÜRFEN BEIM SOUNDTRACK DEINES LEBENS NICHT FEHLEN?

1 ....

2 ....

3 ....

4 ....

5 ....

Was ist dein Lieblingstier?

....

....

Wenn du eine Pflanze wärst,
welche wäre das?

**Was ist dein liebstes
Handy- oder Computerspiel?**

Was ist dein Lieblingsbuch?

**Welcher ist für dich
der tollste Geruch?**

Gehst du gern auf Flohmärkte?

Was mögen deine Freunde an dir?

Was ist deine Lieblingsfarbe?

Welche ist deine Lieblingsband?

Hältst du dich für einen guten Menschen?

Gehst du gern ins Kino?

Was ist deine Lieblingssendung?

Was ist deine Lieblingsserie?

WIE GEHT DIESER SATZ WEITER:

Wenn ich nicht schlafen kann, dann ...

Wie alt bist du?

Wie alt fühlst du dich?

Mit wem fährst du am liebsten in den Urlaub?

Welche deiner Eigenschaften macht dich am meisten aus?

Was ist die allerleckerste Schokoladensorte?

Was isst du am liebsten?

Wonach hattest du das letzte Mal Heißhunger?

Gibt es einen typischen Satz oder Ausdruck für dich?

WAS SIND DEINE WUNDEN PUNKTE?

1

2

3

MAL MAL ...

den Ausblick aus deiner Wohnung.

Was würdest du deinem zehnjährigen Ich sagen, wenn du könntest?

Wann warst du das letzte Mal im Zirkus?

Was trinkst du am liebsten?

WAS WÜRDEST DU AUS DEINER WOHNUNG RETTEN, WENN ES BRENNT?

1

2

3

4

5

ENTWEDER-ODER

Frühaufsteher	◯	**oder**	◯	**Nachteule**
Sturm	◯	**oder**	◯	**Abwehr**
Baumarkt	◯	**oder**	◯	**Autowerkstatt**
Automatik	◯	**oder**	◯	**Gangschaltung**
Beatles	◯	**oder**	◯	**Rolling Stones**
Leitwolf	◯	**oder**	◯	**Herdentier**
spazieren	◯	**oder**	◯	**joggen**
Optimist	◯	**oder**	◯	**Pessimist**
spontan	◯	**oder**	◯	**geplant**
direkt	◯	**oder**	◯	**höflich**
ausgeglichen	◯	**oder**	◯	**aufgeregt**

Welches Sprichwort beschreibt dein Leben?

....

WIE GEHT DIESER SATZ WEITER:

Ich drehe mich auf der Straße nach jemandem um, weil ...

....

....

Wie viele Freunde hast du?

Welche Sorte Eis bestellst du meistens?

BEENDE DIESEN SATZ:

Ich werde sofort müde, wenn …

Wie feierst du deinen nächsten Geburtstag?

Welche Blume magst du gern?

Hast du eine Glücks- oder Lieblingszahl?

MAL MAL ...

deinen Arbeitsplatz.

GOOD VIBRATIONS

Worüber freust du dich?

Worauf freust du dich?

Was fällt dir zu dem Begriff Geschenk ein?

Warum hattest du deinen letzten Lachanfall?

Was ist das Beste am eigenen Geburtstag?

WAS IST DIR AM ALLERWICHTIGSTEN IM LEBEN?

- Viel zu lernen und zu verstehen
- immer jemanden zum Lachen, Reden und Umarmen zu haben
- mich oft zu freuen und zu genießen
- zu wissen, wo ich hingehöre
- viel rumzukommen
- alles im Griff und den Überblick zu behalten

Was fällt dir zu dem Begriff
Freundschaft ein?

Was tröstet dich?

Was ist für dich Soulfood –
Essen, das dich glücklich macht?

MAL MAL ...

das coolste Tattoo,
das du dir vorstellen kannst.

WAS DAVON HAST DU SCHON GEMACHT?

- ◯ **Freeclimbing**
- ◯ **Bungee Jumping**
- ◯ **Segelfliegen**
- ◯ **im Helikopter fliegen**
- ◯ **Heißluftballon fahren**
- ◯ **Canyoning**

Wofür kannst du dich begeistern?

Was fällt dir zum Begriff Bett ein?

Wer inspiriert dich?

Wem würdest du einen Sechser im Lotto am meisten gönnen?

AUF EINER SKALA VON 1 BIS 5 –

1 2 3 4 5 **Wie geduldig bist du?**

1 2 3 4 5 **Wie ehrlich bist du?**

1 2 3 4 5 **Wie ausgeglichen bist du?**

1 2 3 4 5 **Wie gesellig bist du?**

1 2 3 4 5 **Wie begeisterungsfähig bist du?**

1 2 3 4 5 **Wie leidenschaftlich bist du?**

1 2 3 4 5 **Wie nachtragend bist du?**

1 2 3 4 5 **Wie empathisch bist du?**

WIE ENDET DIESER SATZ:

Ich kann stolz auf mich sein, weil ich trotz …

Was bedeutet Freiheit für dich?

Was findest du an dir liebenswert?

Welche Band willst du unbedingt einmal live sehen?

BEENDE DIESEN SATZ:

Ich muss jedes Mal lachen, wenn ...

Wie viele Babys hattest du schon auf dem Arm?

Was war die schönste Überraschung, die du je erlebt hast?

Was fällt dir zum Begriff Spaß ein?

Wann und zu welchem Anlass hast
du das letzte Mal eine Party organisiert?

WIE GEHT DIESER SATZ WEITER:

Ich bin ein guter Freund / eine gute Freundin, weil ...

Was war die beste Entscheidung deines Lebens?

Welches sind die niedlichsten Tiere, die du kennst?

MAL MAL ...

das Haustier,
das du gern hättest.

Was fällt dir zum Begriff Überraschung ein?

....

Welches Buch hat dich am meisten beeindruckt?

....

Von wem wünschst du dir
ein Geburtstagsständchen?

....

WAS GEHÖRT UNBEDINGT ZU EINEM PERFEKTEN TAG?

- ○ **Ausschlafen**
- ○ **Nichtstun**
- ○ **Abenteuer**
- ○ **gutes Wetter**
- ○ **Ruhe**
- ○ **Party**
- ○ **gute Gesellschaft**
- ○ **leckeres Essen**
- ○ **keine Termine**
- ○ **Aufregung**
- ○ **eine Überraschung**
- ○ ....

Welchen Mannschaften drückst du die Daumen?

Welche Jahreszeit magst du am liebsten?

Welches Kleidungsstück trägst du am liebsten?

Was ist für dich der schönste Monat?

Was ist das allercoolste Filmzitat?

Was machst du an einem perfekten Sommertag?

....

WAS SIND DEINE GRÖẞTEN ERFOLGE IM LEBEN?

1 ....

2 ....

3 ....

WAS MACHT DEINER MEINUNG NACH EINEN STARKEN CHARAKTER AUS?

1 ....

2 ....

3 ....

4 ....

5 ....

VON ALLEN MENSCHEN, DIE DU KENNST, WER IST …

… am freundlichsten? ....

....

… am verständnisvollsten? ....

....

… am schlausten? ....

....

… am unterhaltsamsten? ....

....

… am besten gebildet? ....

....

… am herzlichsten? ....

....

VON ALLEN MENSCHEN, DIE DU KENNST, WER IST …

… am sportlichsten?

… am verrücktesten?

… am naivsten?

… am witzigsten?

… am kreativsten?

… am großzügigsten?

Wer sind für dich die wichtigsten Bands/Musiker der letzten hundert Jahre?

Wer ist dein größtes Vorbild?

AUF EINER SKALA VON 1 BIS 5 – WIE GUT KANNST DU …

1 2 3 4 5 **… verzeihen?**

1 2 3 4 5 **… zuhören?**

1 2 3 4 5 **… trösten?**

1 2 3 4 5 **… neue Freundschaften schließen?**

1 2 3 4 5 **… Geheimnisse für dich behalten?**

1 2 3 4 5 **… um Hilfe bitten?**

1 2 3 4 5 **… vermitteln?**

WAS SIND DEINE GRÖẞTEN STÄRKEN?

1 ....

2 ....

3 ....

WANN HAST DU DAS LETZTE MAL JEMANDEM EIN KOMPLIMENT GEMACHT?

....

Was war das für ein Kompliment? ....

....

Wann hat dir das letzte Mal jemand ein Kompliment gemacht? ....

....

Mach dir selbst ein Kompliment!

....

**Was sagen Leute über dich,
wenn sie dich kennenlernen?**

Welche deiner Eigenschaften fällt am meisten auf?

Wann bezeichnest du jemanden als deinen Freund?

Von allen Menschen, die du kennst –
wer hat das schönste Lachen?

Wann und warum warst du das letzte Mal glücklich?

MAL MAL …

den vollendet geschmückten
Weihnachtsbaum.

LIVE IS LIFE

.....

Was magst du an deiner Wohnung?

Was kannst du richtig gut kochen?

HAST DU NARBEN?

Woher?

Wie viele Liegestütze schaffst du?

Dekorierst du deine Wohnung nach Jahreszeiten?

Was kannst du, obwohl du gedacht hast,
du würdest es niemals lernen?

Wie viele Minuten Verspätung findest du noch okay?

Hört man dir an,
aus welcher Region du stammst?

Welche Apps hast du auf deinem Startbildschirm?

Welchen Blogs folgst du?

Wie reagierst du, wenn du bei
einer Verabredung versetzt wirst?

**Was ist dein Lieblingsplatz
in deiner Wohnung?**

Ziehst du dich um, wenn du
nach der Arbeit nach Hause kommst?

Was ist immer in deinem Kühlschrank?

Hast du Allergien?

Kannst du einen Kartentrick?

Wie viel Mal kannst du auf einem Bein hüpfen?

Was gefällt dir an der Nachbarschaft, in der du wohnst?

BIST DU SCHON EINMAL OPERIERT WORDEN?

Warum?

HAST DU EIN KÜCHENGERÄT, DAS DU EIGENTLICH NIE BENUTZT?

Welches?

Kannst du jeden Finger
einzeln bewegen?

**Wann und warum hast du
das letzte Mal mehr als eine Seite
mit der Hand geschrieben?**

Bist du ein besserer
Autofahrer oder Beifahrer?

Wie oft bist du in deinem Leben
schon umgezogen?

Kannst du deine Zunge zusammenrollen?

Kannst du nur eine Augenbraue anheben?

Bist du ein besserer Koch oder Esser?

In welchem Verein / welchen Vereinen
bist du Mitglied?

Kannst du einen Kopfstand machen?

....

Spielst du gerne Lotto?

....

Wettest du gern?

....

BIST DU GUT IN EINER SPORTART?

....

In welcher? ....

Was hängt bei dir an der Wand?

....

HAST DU SCHON EINMAL GEKÜNDIGT?

Wenn ja, warum?

Welche Instrumente
kannst du spielen?

Wie lange kannst du
die Luft anhalten?

Welche Zeitschriften,
Zeitungen oder Magazine
hast du abonniert?

STELL DIR VOR,

jeder müsste einen Tag in der Woche ehrenamtlich arbeiten. Welche Arbeit würdest du übernehmen?

....

....

Hast du schon einmal Erste Hilfe geleistet?

....

ENTWEDER-ODER

Frühling	◯	oder	◯	**Herbst**
Netflix	◯	oder	◯	**Amazon Prime**
Fisch	◯	oder	◯	**Fleisch**
Salz	◯	oder	◯	**Pfeffer**
Drogerie	◯	oder	◯	**Parfümerie**
Fritten	◯	oder	◯	**Salzkartoffeln**
Wein	◯	oder	◯	**Bier**
Schnitzel	◯	oder	◯	**Tofu**
ARD	◯	oder	◯	**ZDF**

Kannst du laut schnalzen?

Welche Standardtänze
beherrschst du?

Was langweilt dich?

Wie lange könntest du
in der Wildnis überleben?

**Wie sieht dein Frühstück
normalerweise aus?**

AUF EINER SKALA VON 1 BIS 5 –

1 2 3 4 5 **Wie gut kannst du mit Pflanzen umgehen?**

1 2 3 4 5 **Wie gut kannst du Babys beruhigen?**

1 2 3 4 5 **Wie gut kannst du mit Tieren umgehen?**

1 2 3 4 5 **Bist du ein guter Gastgeber?**

1 2 3 4 5 **Wie gut kannst du Ordnung halten?**

1 2 3 4 5 **Wie gut kannst du mit Geld umgehen?**

Was magst du an deinem Job?

....

Wie sieht deine Stammkneipe oder dein Stammrestaurant aus?

....

Was versteckst du in deinem Badezimmerschrank?

Was trägst du nachts?

Wie lange brauchst du morgens im Bad?

Was findet man auf deinem Nachttisch?

Wie viel Schlaf brauchst du?

WELCHE WEBSITES BESUCHST DU AM HÄUFIGSTEN?

1 ……………………………………………

2 ……………………………………………

3 ……………………………………………

4 ……………………………………………

5 ……………………………………………

Was machst du mit einzelnen Socken?

……………………………………………

Welche Ehrenämter hast oder hattest du?

……………………………………………

In welchem Zimmer deiner Wohnung verbringst du am meisten Zeit?

……………………………………………

WAS SCHÄTZT DU:

Wie viele Stunden pro Woche guckst du auf einen Screen – egal ob Rechner oder Handy oder Fernseher?

....

ENTWEDER-ODER

Tagesschau	○	**oder**	○	**heute**
Vorspeise	○	**oder**	○	**Nachtisch**
Honig	○	**oder**	○	**Marmelade**
Cornflakes	○	**oder**	○	**Müsli**
Milchreis	○	**oder**	○	**Pudding**
Essen bestellen	○	**oder**	○	**Essen gehen**
Freibad	○	**oder**	○	**Badesee**
Rotwein	○	**oder**	○	**Weißwein**

STELL DIR VOR,

jeder könnte sehen, was du so einkaufst – was würdest du dann lieber nicht mehr kaufen oder auf dem Schwarzmarkt besorgen?

....

....

Was machst du mit Lebensmitteln
nach dem Mindesthaltbarkeitsdatum?

**In welchen drei Läden
kaufst du am häufigsten ein?**

Wie viele verschiedene Gewürze
gibt es in deiner Küche?

Wie viele Bücher liest du pro Jahr?

Wie kannst du am besten schlafen?

Was ist für dich das perfekte Wetter?

EIN BISSCHEN ORDNUNG MUSS SEIN – WAS ERLEDIGST DU NOCH AM LIEBSTEN?

- ◯ **die Fenster putzen**
- ◯ **die Wäsche machen**
- ◯ **die Spülmaschine ein- und ausräumen**
- ◯ **das Bad putzen**
- ◯ **Staubsaugen**
- ◯ **Papierkram wegsortieren**

WAS SCHÄTZT DU:

Wie viele Minuten pro Tag guckst du in den Spiegel?

Kannst du gut bügeln?

Für welche Arbeit hättest du
gern einen Roboter?

Wie merkst du dir deine Termine?

Kannst du auf den Händen laufen?

WONACH ENTSCHEIDEST DU IM SUPERMARKT?

- ◯ **Verpackung**
- ◯ **günstigster Preis**
- ◯ **Größe**
- ◯ **Gewohnheit**
- ◯ **bekannteste Marke**
- ◯ **jedes Mal anders**

Wann hast du das letzte Mal etwas repariert?

IMAGINE

MAL MAL ...
dich mit 80 Jahren.

STELL DIR VOR,

du könntest ein Jahr lang auf Zeitreise gehen – in welche Zeit würdest du reisen wollen?

Warum ausgerechnet in diese Zeit?

Und wer wärst du in dieser Zeit?

Was hättest du für einen Beruf?

GLAUBST DU AN WIEDERGEBURT?

Als was oder wer würdest du am liebsten wiedergeboren werden?

WAS SIND DEINE ZIELE FÜR DIE NÄCHSTEN FÜNF JAHRE?

1 ....

2 ....

3 ....

4 ....

5 ....

Glaubst du, du wärst
ein guter Geheimagent?

....

HÄTTEST DU GERN MAL FÜR EINEN TAG EIN ANDERES GESCHLECHT?

....

Was würdest du an diesem Tag machen? ....

....

WENN DU REGIERUNGS-CHEF WÄRST,

... welches Gesetz würdest du als Nächstes auf den Weg bringen?

....

... welches Land würdest du als Erstes besuchen?

....

... wen hättest du gern in deinem Kabinett sitzen?

1 ....

2 ....

3 ....

4 ....

5 ....

6 ....

7 ....

8 ....

9 ....

10 ....

Was ist dein Traumjob?

Wenn du die Gelegenheit hättest,
fünf Minuten in der Tagesschau zu reden,
wie würdest du die Zeit nutzen?

Wärst du gern unsterblich?

Wie sieht dein Traumhaus aus?

Wo stünde dein Traumhaus?

STELL DIR VOR,

du hättest eine Stunde mit dem Papst – worüber würdest du mit ihm reden?

Was fällt dir zum Begriff Schicksal ein?

MAL MAL ...

das Emoji, das du wirklich noch gebrauchen könntest.

MAL MAL …
den perfekten Po.

WO WÜRDEST DU GERN MAL EINEN MONAT PRAKTIKUM MACHEN?

- ◯ am Schauspielhaus
- ◯ in der Hundeschule
- ◯ im Zoo
- ◯ beim Ferrari-Händler
- ◯ in einer Konfiserie
- ◯ in einem Buchverlag
- ◯ in einem Tonstudio
- ◯ in der Parfüm-Manufaktur
- ◯ bei einem Designer
- ◯ ....

STELL DIR VOR, TIERE KÖNNTEN SPRECHEN.

Mit welchem Tier würdest du dich als Erstes unterhalten wollen?

....

Worüber? ....

....

Und was, glaubst du, würde sich verändern, wenn Tiere sich verständlich machen könnten?

....

....

Was ist dein größter Wunsch?

STELL DIR VOR,

du hättest eine Million Euro, die du aber ausschließlich für andere ausgeben darfst: Was machst du?

Wenn du eine Fee wärst,
wem würdest du als Allererstes
welchen Wunsch erfüllen?

WIE GEHT DIESER SATZ WEITER:

Wenn ich beim Zirkus arbeiten würde, wäre ich …

MAL MAL ...

dein Wappen.

Du darfst die Talkrunde für die nächste Ausgabe von Markus Lanz besetzen.

WEN BEKOMMEN WIR ZU SEHEN?

1 ....

2 ....

3 ....

4 ....

5 ....

Wärst du mit dir selbst befreundet?

....

WAS WÄRE DEINE PARADEROLLE BEIM TRAUMSCHIFF?

- ◯ **Kapitän**
- ◯ **Hostess**
- ◯ **Schiffsarzt**
- ◯ **Fitnesstrainer**
- ◯ **Koch**
- ◯ **Gast**
- ◯ **blinder Passagier**
- ◯ ....

IN WELCHES HAUS IN HOGWARTS WÜRDEST DU PASSEN?

- zu den Mutigen ins Haus Gryffindor
- zu den Gerechten und Treuen ins Haus Hufflepuff
- zu den Klugen ins Haus Ravenclaw
- zu den Ehrgeizigen ins Haus Slytherin

Was würdest du tun,
wenn du wüsstest, dass du garantiert
nicht dabei erwischt wirst?

WAS WÜNSCHST DU DIR FÜR DEIN LEBENSENDE?

- die Welt ein Stückchen besser gemacht zu haben
- etwas vererben zu können
- unvergesslich zu bleiben
- Lachfalten
- viele, viele Enkelkinder
- gute Ärzte

WELCHES BUNDES-MINISTERIUM WÜRDEST DU GERN ÜBERNEHMEN?

....

Was würdest du als Erstes beschließen? ....

....

STELL DIR VOR,

du hättest eine Stunde mit dem Bundeskanzler / der Bundeskanzlerin – worüber würdet ihr reden?

....

....

BEENDE DIESEN SATZ:

Wenn ich nie mehr arbeiten müsste, würde ich …

....

....

MAL MAL ...

deine Krone.

Wenn du wüsstest, dass du nur noch drei Monate zu leben hättest,

WAS WÜRDEST DU TUN?

Und was würdest du auf keinen Fall mehr tun?

Mit wem würdest du noch ein klärendes Gespräch führen wollen?

WENN DU EIN SUPERSTAR WÄRST,

... wo hättest du deinen Durchbruch geschafft?

- ◯ **auf der Bühne**
- ◯ **vor der Kamera**
- ◯ **am Mikrofon**
- ◯ **im Internet**

... was wäre dein Künstlername?

... wen würdest du engagieren, um deine Biografie zu schreiben?

- ◯ **J. K. Rowling**
- ◯ **Jojo Moyes**
- ◯ **Charlotte Link**
- ◯ **George R. R. Martin**
- ◯ **Juli Zeh**
- ◯ **Ken Follett**

... und wer würde dich spielen, wenn die Biografie in die Kinos kommt?

MAL MAL ...

das Cover deiner Autobiografie.

WELCHE ZAUBERKRAFT WÜRDEST DU DIR AUSSUCHEN?

- ◯ sich unsichtbar machen
- ◯ Gedanken lesen
- ◯ Zeitreisen
- ◯ alle Sprachen sprechen
- ◯ ewiges Leben
- ◯ ....

BEENDE DIESEN SATZ:

In meinem nächsten Leben wäre ich gern …

....

....

STELL DIR VOR,

du bist ein Wesen aus Tolkiens »Herr der Ringe«: Wo würdest du vermutlich wohnen?

- ◯ Bei den mutigen Pferdemenschen in Rohan
- ◯ bei den stolzen Elben in Lothlórien
- ◯ bei den kunstfertigen Zwergen im Berg
- ◯ bei den standfesten Ents im Wald
- ◯ bei den gutmütigen Hobbits im Auenland
- ◯ bei den wüsten Orks in Isengart

ENTWEDER-ODER

Bullerbü	◯	oder	◯	Entenhausen
Cowboy	◯	oder	◯	Indianer
Schauspieler	◯	oder	◯	Regisseur
Asterix	◯	oder	◯	Mickey Mouse
Lassie	◯	oder	◯	Flipper
A-Team	◯	oder	◯	MacGyver
Fee	◯	oder	◯	Hexe

MIT WEM WÜRDEST DU FÜR EINEN TAG DAS LEBEN TAUSCHEN?

....

Warum? ....

....

....

Und für einen Monat? ....

....

....

Was würde sich in
deinem Leben ändern, wenn es ein
bedingungsloses Grundeinkommen gäbe?

WIE MÖCHTEST DU MAL BESTATTET WERDEN?

Was soll auf deinem Grabstein stehen?

Gibt es ein Lied, das auf deiner Beerdigung gespielt werden soll?

In welchem Haus würdest
du als Gespenst
am liebsten spuken?

Würdest du mit deinem Chef / deiner Chefin den Job tauschen wollen?

Denk dir deinen eigenen Lehrstuhl an der Uni aus – wofür wärst du gern Professor oder Professorin?

STELL DIR VOR,

du bist die Hauptfigur in einem Text: Wo würdest du dich am ehesten zu Hause fühlen?

- **wissenschaftliches Fachbuch**
- **Thriller**
- **romantischer Schmöker**
- **Science-Fiction-Abenteuer**
- **Gedicht**
- **Songtext**
- **Fantasy-Epos**
- **Predigt**

WENN DU KÖNIG ODER KÖNIGIN WÄRST,

... wer wäre dein Hofnarr? ....

....

... wer wäre dein Leibwächter? ....

....

... wer wäre dein Hofschneider? ....

....

... wer wären deine drei wichtigsten Berater? ....

....

... welches Land würdest du gern regieren? ....

....

... wo und wie würdest du residieren? ....

....

... welches wäre dein Wappentier? ....

....

I GOT A FEELING

.....

Bist du gerade verliebt?

Hast du ein
»Beuteschema«?

Welcher Anmachspruch
funktioniert bei dir?

Bist du mit deinen Exfreunden/
-freundinnen befreundet?

Woran erkennst du,
dass du verliebt bist?

Wie würdest du dich in einer Kontaktanzeige selbst beschreiben (maximal zehn Wörter)?

Kannst du dir gut eine Bettdecke teilen?

Wie flirtest du?

HATTEST DU SCHON MAL EIN BLIND DATE?

Wie ist es ausgegangen?

Wen rufst du an,
wenn du Liebeskummer hast?

AUF EINER SKALA VON 1 BIS 5 –

(1) (2) (3) (4) (5) **Wie gut kannst du weinen?**

(1) (2) (3) (4) (5) **Wie gut kannst du alleine sein?**

(1) (2) (3) (4) (5) **Wie gut kannst du küssen?**

(1) (2) (3) (4) (5) **Wie mitfühlend bist du?**

(1) (2) (3) (4) (5) **Wie leidenschaftlich bist du?**

(1) (2) (3) (4) (5) **Wie treu bist du?**

(1) (2) (3) (4) (5) **Wie romantisch bist du?**

(1) (2) (3) (4) (5) **Wie gut kannst du Freundschaften pflegen?**

(1) (2) (3) (4) (5) **Wie gut kannst du flirten?**

(1) (2) (3) (4) (5) **Wie gut kannst du über Sex reden?**

Hast du schon einmal jemanden betrogen?

Für wen hast du geschwärmt,
als du 14 warst?

Was gehört zu einem romantischen Abend?

Hast du schon einmal einen Freund oder
eine Freundin verkuppelt?

**Von welchem Lied wünschst du dir, es wäre
für dich geschrieben worden?**

Welche Eigenschaft muss dein Partner
unter allen Umständen haben?

**Welche Eigenschaft darf dein Partner
auf keinen Fall haben?**

Warst du schon einmal unglücklich verliebt?
Erzähl!

Welches ist das schönste Liebeslied?

Verliebst du dich schnell?

Wie findest du es, wenn dein Partner viel mehr verdient als du?

Was fällt dir zu dem Begriff Liebe ein?

Glaubst du an die Ehe?

BEENDE DIESEN SATZ:

Am glücklichsten bin ich immer, wenn …

Was bedeutet für dich Zufriedenheit?

WER IST DEIN ÄLTESTER FREUND ODER DEINE ÄLTESTE FREUNDIN?

....

Seit wann und woher kennt ihr euch? ....

....

Was bedeutet dir Heimat?

....

Wie findest du Händchenhalten?

....

WER BRINGT DICH ZUM LACHEN?

....

Und wie? ....

Wer kennt dich am allerbesten?

WER SIND DEINE BESTEN FREUNDE?

1

2

3

Hast du mehr männliche oder mehr weibliche Freunde?

WANN WARST DU DAS LETZTE MAL WIRKLICH WÜTEND?

Warum?

BEENDE DIESEN SATZ:

Ich werde nervös, wenn ...

Welcher Mensch hat dich am meisten enttäuscht?

MIT WELCHEM GEFÜHL KANNST DU AM WENIGSTEN GUT UMGEHEN?

- ○ **Zorn**
- ○ **Aufregung**
- ○ **Angst**
- ○ **Ekel**
- ○ **Scham**
- ○ **Verliebtheit**
- ○ **Freude**
- ○ **Einsamkeit**
- ○ **Euphorie**
- ○ ....

BEENDE DIESEN SATZ:

Ich kriege direkt Gänsehaut, wenn ...

Was war der bisher größte Schmerz
in deinem Leben?

Bei wem kannst du dich ausweinen?

WANN WARST DU DAS LETZTE MAL EUPHORISCH?

Was war der Grund?

Was verbindest du mit dem Begriff Angst?

Was fällt dir zum Begriff Wut ein?

Was bedeutet Freundschaft für dich?

Was fällt dir zum Begriff Hass ein?

Hast du schon einmal aus Wut etwas kaputt gemacht?

Was machst du, wenn du traurig bist?

BEENDE DIESEN SATZ:

Ich bekomme Panik, wenn ...

Fasst du leicht Vertrauen?

Was fällt dir zum Begriff Glück ein?

Glaubst du an Liebe auf den ersten Blick?

WEN BENEIDEST DU?

....

Worum? ....

....

Knutschst du gern
in der Öffentlichkeit?

....

ENTWEDER – ODER

sanft küssen	◯	**oder**	◯	**wild knutschen**
Arm in Arm	◯	**oder**	◯	**Händchen halten**
»Gleich und gleich gesellt sich gern«	◯	**oder**	◯	**»Gegensätze ziehen sich an«**
Vertrauen	◯	**oder**	◯	**Leidenschaft**
schickes Candle-Light-Dinner	◯	**oder**	◯	**zu zweit auf der Couch**
Verführen	◯	**oder**	◯	**verführt werden**

Wonach sehnst du dich gerade?

Wer ist die Liebe deines Lebens?

Was ist für dich Zärtlichkeit?

**Wie stellst du dir
den perfekten Kuss vor?**

Was hältst du von
einer Ménage-à-trois?

MAL MAL …

die kitschigste Hochzeitstorte,
die du dir vorstellen kannst.

THOSE WERE THE DAYS …

Welchen Geruch verbindest du
mit deinem Elternhaus?

Was wolltest du als Kind werden?

Was war dein Lieblingsort als Kind?

**Was war dein
liebstes Spielzeug?**

Hattest du manchmal
Hausarrest?

Was war der schönste Urlaub deiner Kindheit?

Was war dein liebstes Kuscheltier?

KANNST DU DICH DARAN ERINNERN, ALS KIND ETWAS GEKLAUT ZU HABEN?

Bist du dabei erwischt worden?

Hast du noch Bücher oder Spielzeug aus deiner Kindheit?

WELCHE ATTRAKTION IM ZIRKUS MOCHTEST DU FRÜHER AM LIEBSTEN?

- ◯ **die Pferdenummer**
- ◯ **die Raubkatzen**
- ◯ **die Trapezkünstler**
- ◯ **den Clown**
- ◯ **die Jongleure**
- ◯ **die Elefanten**
- ◯ **den Zauberer**
- ◯ **die Seiltänzer**

Was war dein Lieblingsfach
in der Schule?

....

HAST DU ALS KIND STREICHE GESPIELT?

....

Wem denn? ....

....

Und was hast du angestellt? ....

....

Hast du Tagebuch
geschrieben?

WEN MAGST DU AM LIEBSTEN?

- ◯ **Elmo**
- ◯ **Ernie und Bert**
- ◯ **Krümelmonster**
- ◯ **Samson**
- ◯ **Tiffy**
- ◯ **Graf Zahl**
- ◯ **Bibo**
- ◯ **Herrn von Bödefeld**
- ◯ **Oscar aus der Tonne**
- ◯ **Grobi**

Bei welcher Erinnerung aus deiner Kindheit
musst du noch heute lachen?

**Wie hast du am liebsten
deine Schulpausen verbracht?**

Hast du oft die Schule geschwänzt?

Wer war der Held deiner Kindheit?

ENTWEDER-ODER

Räuber	◯	**oder**	◯	**Gendarm**
Mathe-	◯	**oder**	◯	**Deutschunterricht**
Kunst-	◯	**oder**	◯	**Sportunterricht**
Eher Musterschüler	◯	**oder**	◯	**Klassenclown**
Chips	◯	**oder**	◯	**Flips**
Gutenachtgeschichte	◯	**oder**	◯	**Schlaflied**
Benjamin Blümchen	◯	**oder**	◯	**Bibi Blocksberg**

Hast du dich früher an die Ausgehzeiten gehalten, die deine Eltern dir vorgegeben haben?

WER WÄRST DU ALS KIND AM LIEBSTEN FÜR EINEN TAG MAL GEWESEN?

- Harry Potter
- Bibi Blocksberg
- Ronja Räubertochter
- Captain Future
- Winnetou
- der kleine Lord
- Luke Skywalker
- Superman
- Tarzan
- ....

Wie sah dein erstes Fahrrad aus?

....

Welche Poster hattest du als Teenager an der Wand?

....

Warst du gut in der Schule?

Wer war deine erste große Liebe?

Wenn du an Nachmittage im Freibad denkst – was siehst du vor dir?

Womit hast du als Kind angegeben?

Welches Eis am Stiel mochtest du als Kind am liebsten?

ENTWEDER – ODER

Loriot	◯	**oder**	◯	**Didi Hallervorden**
Toast	◯	**oder**	◯	**Schwarzbrot**
Tim und Struppi	◯	**oder**	◯	**Lucky Luke**
???	◯	**oder**	◯	**TKKG**
Astrid Lindgren	◯	**oder**	◯	**Enid Blyton**
Tetris	◯	**oder**	◯	**Pacman**
Halma	◯	**oder**	◯	**Malefiz**

Was war bis jetzt die schönste Zeit
in deinem Leben?

Hast du schon einmal einen Baum gepflanzt?

Hast du in deiner Jugend
einen Tanzkurs gemacht?

WENN DU DICH AN DEIN KINDERZIMMER ERINNERST, WAS SIEHST DU VOR DIR?

1 ....

2 ....

3 ....

4 ....

5 ....

Welchen Freund aus der Kindheit
würdest du gern wiedersehen?

....

HAST DU FRÜHER DIE *BRAVO* GELESEN?

....

Was war deine Lieblingsrubrik? ....

....

Was hattest du als Kind für Spitznamen?

Hast du in deiner Jugend heimlich geraucht?

Was ist deine schönste Kindheitserinnerung?

Was war das erste Konzert, das du ohne deine Eltern besucht hast?

Wer war der Held deiner Kindheit?

WAS WAR COOL AN DEN 80ER-JAHREN?

- Neon-Stulpen und Schweißbänder
- Filme wie E.T. und Dirty Dancing
- Musik von Nena, Falco und Milli Vanilli
- Schulterpolster
- Aerobic

WAS VERMISST DU SEIT DEN 90ER-JAHREN?

- Turnschuhe mit Plateau
- Arschgeweihe
- diesen krümeligen Zitronentee aus der Plastikdose
- Musik von Tic Tac Toe, PUR, Scooter und Matthias Reim
- Serien wie Baywatch, Beverly Hills 90210 und Knight Rider
- Tamagotchis

Was waren deine Hobbys als Kind?

Hattest du eine glückliche Kindheit?

Wann hast du dich das erste Mal
erwachsen gefühlt?

AUF EINER SKALA VON 1 BIS 5 –

1 2 3 4 5 **Wie gut warst du in der Schule?**

1 2 3 4 5 **Wie nostalgisch bist du?**

1 2 3 4 5 **Wie frech warst du als Kind?**

1 2 3 4 5 **Wie gut kannst du basteln?**

1 2 3 4 5 **Wie gern erinnerst du dich an deine Kindheit?**

Welche Orte deiner Kindheit
würdest du gern noch einmal besuchen?

Wie war dein erster Schultag?
Erzähl!

Hast du noch Freunde
aus Kindergartentagen?

HAST DU DIR FRÜHER GEMISCHTE TÜTEN MIT SÜSSIGKEITEN BEIM KIOSK GEKAUFT?

Was war auf jeden Fall drin?

ENTWEDER-ODER

Lakritz	◯	oder	◯	Weingummi
Katze	◯	oder	◯	Tiger
Reis	◯	oder	◯	Nudeln
MiniMilk	◯	oder	◯	Capri
Ketchup	◯	oder	◯	Mayo
Bounty	◯	oder	◯	Snickers
Lego	◯	oder	◯	Playmobil

WELCHE DINGE AUS DEINER JUGEND, DIE ES HEUTE NICHT MEHR GIBT, FALLEN DIR EIN?

....

Um welche davon ist es schade? ....

....

....

Und um welche nicht so? ....

....

....

Plane deinen nächsten Geburtstag, als wärst du noch mal zehn Jahre alt –

WAS MACHST DU?

- ◯ Freizeitpark
- ◯ Kino
- ◯ Indoor-Spielplatz
- ◯ Kletterpark
- ◯ Pyjama-Party
- ◯ einen Nachmittag vor der Spielekonsole
- ◯ egal, Hauptsache Kuchen
- ◯ egal, Hauptsache viele Geschenke
- ◯ einen Fahrrad-Ausflug mit Picknick

WAS WAR DAS BESTE DARAN, ENDLICH 18 ZU SEIN?

- ◯ den Führerschein zu machen
- ◯ ohne Ende Schnaps trinken zu können
- ◯ endlich keine Vorschriften mehr von den Eltern anhören zu müssen
- ◯ endlich ausziehen zu können
- ◯ sich selbst für die Schule Entschuldigungen schreiben (ohne eine Unterschrift fälschen zu müssen)
- ◯ in alle Clubs reinzukommen

Mit wie vielen deiner Schulfreunde hast du heute noch Kontakt?

Was war dein erstes Auto?

Wie hast du deinen 18. Geburtstag gefeiert?

Wie war dein erster Kuss?

Bewahrst du alte Liebesbriefe auf?

Guckst du dir gerne alte Fotos an?

Bist du mal von deinen Eltern im Bett mit deinem Freund / deiner Freundin erwischt worden?

An welchen oder welche deiner Lehrer und Lehrerinnen erinnerst du dich gern?

Wie findest du Klassentreffen?

Gab es mal eine Klassenkonferenz wegen dir?

Warst du nach deiner Schulzeit noch einmal in deiner Schule?

Welchen Wunsch haben dir deine Eltern nie erfüllt?

IN WELCHEM ALTER BIST DU DAS ERSTE MAL OHNE DEINE ELTERN VERREIST?

Wohin und mit wem?

Welches Erinnerungsstück aus deiner Kindheit würdest du niemals entsorgen?

MAL MAL …

deinen alten Schulranzen.

NUR IN DEINEM KOPF

AUF EINER SKALA VON 1 BIS 5 –

(1) (2) (3) (4) (5) **Wie diszipliniert bist du?**

(1) (2) (3) (4) (5) **Wie mutig bist du?**

(1) (2) (3) (4) (5) **Wie sozial bist du?**

(1) (2) (3) (4) (5) **Wie diplomatisch bist du?**

(1) (2) (3) (4) (5) **Wie überzeugend bist du?**

(1) (2) (3) (4) (5) **Wie gut ist deine Menschenkenntnis?**

Bist du ein besserer Erzähler oder Zuhörer?

....

KANNST DU NOCH TELEFONNUMMERN AUSWENDIG?

....

Von wem? ....

....

Von wem weißt du den Geburtstag auswendig?

Worauf kannst du unter keinen Umständen verzichten? (Atmen, Essen und Schlafen gilt nicht!)

Kannst du dir besser Namen oder besser Gesichter merken?

Wie viele Baumarten erkennst du?

Bei welchem Film kannst du mitsprechen?

Wie gut kannst du mit Geld umgehen?

Wofür bist du Experte?

Welches Buch liest du gerade
(oder hast du als Letztes gelesen)?

WAS MACHST DU AM MEISTEN MIT DEINEM HANDY?

- ○ **Spielen**
- ○ **Chatten und Texten**
- ○ **Telefonieren**
- ○ **Fotografieren**
- ○ **Videos gucken**
- ○ **Social Media**
- ○ **Artikel lesen**
- ○ **Informationen suchen**
- ○ **Shoppen**
- ○ ....

WIE LANGE HÄLTST DU ES OHNE HANDY AUS?

Gehst du noch manchmal ohne Handy aus dem Haus?

Welche Erfindung wirst du niemals verstehen?

Welche Sprachen sprichst du?

Was ist deine Glückszahl?

Hast du einen Glücksbringer?

Kennst du deinen Aszendenten?

Glaubst du an Horoskope?

Fragst du nach dem Sternzeichen,
wenn du jemanden kennenlernst?

**Gibt es einen Politiker,
den du bewunderst?**

Kannst du alle Bundeskanzler
aufzählen?

GEHST DU WÄHLEN?

Wählst du immer die gleiche Partei?

SCHON MAL AN EINER DEMO TEILGENOMMEN?

Wenn ja, wogegen oder wofür?

Welche Erfindung ist
längst überfällig?

Bist du ein guter Teamplayer?

Hast du Führungsqualitäten?

AUF EINER SKALA VON 1 BIS 5 –

① ② ③ ④ ⑤ **Wie zuverlässig bist du?**

① ② ③ ④ ⑤ **Wie berechenbar bist du?**

① ② ③ ④ ⑤ **Wie zufrieden bist du?**

① ② ③ ④ ⑤ **Wie kreativ bist du?**

① ② ③ ④ ⑤ **Wie spontan bist du?**

① ② ③ ④ ⑤ **Wie ehrgeizig bist du?**

Wenn du spontan einen Zehn-Minuten-Vortrag halten solltest – welches Thema würdest du wählen?

BEENDE DIESEN SATZ:

In einem früheren Leben war ich bestimmt …

BEENDE DIESEN SATZ:

In meinem nächsten Leben bin ich bestimmt …

Kannst du dich gut in andere hineinversetzen?

Gibt es jemanden, dem du einen Mord zutrauen würdest?

WORAUF VON DIESEN DINGEN KANNST DU AM WENIGSTEN VERZICHTEN?

- ◯ **Süßes**
- ◯ **Zigaretten**
- ◯ **Internet**
- ◯ **Alkohol**
- ◯ **Chips**
- ◯ ......

Hast du Albträume? Erzähl!

....

In welchen Situationen und von wem fühlst du dich unterschätzt?

....

Von wem oder wann fühlst du dich überschätzt?

....

Wie viele Sternbilder erkennst du?

....

Kannst du gut
komplizierte Sachen erklären?

AUF EINER SKALA VON 1 BIS 5 – WIE GUT KANNST DU …

1 2 3 4 5 **… warten?**

1 2 3 4 5 **… kopfrechnen?**

1 2 3 4 5 **… fotografieren?**

1 2 3 4 5 **… feilschen?**

1 2 3 4 5 **… vermitteln?**

1 2 3 4 5 **… Kritik vertragen?**

1 2 3 4 5 **… einparken?**

1 2 3 4 5 **… Möbel aufbauen?**

1 2 3 4 5 **… Rätsel lösen?**

Kannst du dir gut Texte merken?

Kannst du ein Gedicht auswendig?

Kümmerst du dich auf Partys gern um die Playlist?

WAS KÖNNTEST DU NOCH AM EHESTEN ERTRAGEN?

- ◯ **Du bleibst im Aufzug stecken – zusammen mit der maximal zugelassenen Anzahl von Personen**
- ◯ **Du fährst in der steilsten Achterbahn Europas – und die Fahrt muss aus Sicherheitsgründen mittendrin gestoppt werden**
- ◯ **Du steckst in einem Labyrinth – und schon zum vierten Mal stellst du fest, dass du immer an derselben Stelle landest**

Vor welcher Krankheit hast du die größte Angst?

Was fällt dir zu dem Begriff Zweifel ein?

Was hättest du für eine Wette bei »Wetten, dass ..?« einreichen können?

WAS IST DEINE PARADEKATEGORIE BEI TRIVIAL PURSUIT?

- ◯ **Unterhaltung**
- ◯ **Erdkunde**
- ◯ **Geschichte**
- ◯ **Kunst & Literatur**
- ◯ **Sport & Vergnügen**
- ◯ **Wissenschaft & Technik**

WENN DU BEI »WER WIRD MILLIONÄR« WÄRST, WER WÄREN DEINE TELEFONJOKER?

1 ....

2 ....

3 ....

Und wer wäre für welchen Bereich zuständig? ....

....

....

Für welchen Bereich wärst du
bei »Wer wird Millionär« ein guter Telefonjoker?

....

Was fällt dir zum Begriff Wahnsinn ein?

....

Was ist deine größte Angst?

Was ist schlimmer –
Stress oder Langeweile?

Was fällt dir zum Begriff Glaube ein?

Vor welchem Tier fürchtest du
dich am meisten?

Wer bringt dich am schnellsten
auf die Palme?

DU BESTIMMST DAS KINOPROGRAMM FÜR NÄCHSTE WOCHE – WAS LÄUFT (ENDLICH MAL WIEDER)?

1 ....

2 ....

3 ....

ENTWEDER-ODER

Synchronisiert	◯	oder	◯	Originalton
Kabarett	◯	oder	◯	Comedy
Musical	◯	oder	◯	Oper
Spontaneität	◯	oder	◯	gute Planung
Britisches	◯	oder	◯	amerikanisches Englisch
Kino	◯	oder	◯	Theater
zu laut	◯	oder	◯	zu leise
zu groß	◯	oder	◯	zu klein
zu früh	◯	oder	◯	zu spät
Skat	◯	oder	◯	Doppelkopf

WAS ODER WEN GUCKST DU DIR AM LIEBSTEN AUF YOUTUBE AN?

1 ....

2 ....

3 ....

4 ....

5 ....

Erinnerst du dich an deine Träume?

....

WELCHE FRAUENNAMEN FINDEST DU AM SCHÖNSTEN?

1 ....

2 ....

3 ....

WELCHE MÄNNERNAMEN FINDEST DU AM SCHÖNSTEN?

1 ....

2 ....

3 ....

Wie lange könntest du es in einem Schweigekloster aushalten?

....

Kannst du einen Begriff in Gebärdensprache?

....

SPRICHST DU MANCHMAL MIT DIR SELBST?

....

Worüber? ....

In welchen Situationen kommst du
dir nützlich vor?

Wofür engagierst du dich?

Was sind für dich die entscheidenden
Themenfelder, um zu entscheiden, welche Politiker
oder Partei du wählst?

Kannst du gut Anweisungen erteilen?

Was fällt dir zum Begriff Missverständnis ein?

Kannst du Noten lesen?

Was war die schwierigste Entscheidung
in deinem Leben?

**Was kannst du besser
als dein Chef / deine Chefin?**

Hast du eine schöne Handschrift?

**Schreib dein Lieblingswort
in deiner schönsten Schrift auf!**

OOPS! … I DID IT AGAIN …..

Womit ziehen dich deine Freunde auf?

Was fällt dir zum Begriff Verrat ein?

Was hast du dir abgewöhnt?

Wofür schämst du dich?

Was ist das Geschmackloseste, das du besitzt?

Hast du schon einmal
jemanden erpresst?

BEENDE DIESEN SATZ:

Mir ist total egal, was die Leute von mir denken, wenn ich …

Wofür und bei wem musstest du dich in letzter Zeit entschuldigen?

Was fällt dir schwerer als den meisten Leuten, die du kennst?

**Was fällt dir zum Begriff
Ungerechtigkeit ein?**

Was fällt dir zum Begriff
Skandal ein?

Wer sind deine Feinde?

Was ist deine schlechteste Eigenschaft?

**Was ist schlimmer –
Nägelkauen oder Nasepopeln?**

Was ist deine schlimmste Angewohnheit?

Was ist das Peinlichste, das dir je passiert ist?

Was war der größte Fehler deines Lebens?

BEENDE DIESEN SATZ:

Vermutlich lande ich in der Hölle, weil ...

Was fällt dir zum Begriff Unfall ein?

BEENDE DIESEN SATZ:

Ich habe jedes Mal ein schlechtes Gewissen, wenn ...

....

....

Bist du manchmal gemein?

....

Von allen Menschen, die du kennst, wer ist am unberechenbarsten?

....

WAS WÜRDEST DU GERN RICHTIG GUT KÖNNEN?

- ○ **Schlösser knacken**
- ○ **Stimmen imitieren**
- ○ **Fliegenfischen**
- ○ **Witze erzählen**
- ○ **auf Kommando weinen**
- ○ ....

HAST DU DICH SCHON MAL GEPRÜGELT?

Mit wem und warum?

Von allen Menschen, die du kennst,
wer ist am ärmsten?

**Mit wem würdest du dich trauen,
eine Bank zu überfallen?**

Was machst du mit Geschenken,
die dir nicht gefallen?

AUF EINER SKALA VON 1 BIS 5 –

① ② ③ ④ ⑤ **Wie gut kannst du Entschuldigung sagen?**

① ② ③ ④ ⑤ **Wie gut kannst du lügen?**

① ② ③ ④ ⑤ **Wie berechnend bist du?**

① ② ③ ④ ⑤ **Wie jähzornig bist du?**

① ② ③ ④ ⑤ **Wie gut kannst du schimpfen?**

① ② ③ ④ ⑤ **Wie selbstgerecht bist du?**

① ② ③ ④ ⑤ **Wie gemein kannst du sein?**

① ② ③ ④ ⑤ **Wie gut kannst du lästern?**

Was war bisher die schwierigste Prüfung in deinem Leben?

Wie viele Diäten hast du in deinem Leben schon abgebrochen?

BEENDE DIESEN SATZ:

Ich werde rot, wenn ich daran denke …

Kannst du auf Kommando heulen?

Was ist für dich der schlimmste Geruch?

Warum warst du das letzte Mal so richtig schadenfroh?

Was war dein schlimmstes Urlaubserlebnis?

Auf welchen Modetrend hättest du
gut verzichten können?

Welches Kleidungsstück sieht
an niemandem gut aus?

KANNST DU DICH AN DEN SCHLIMMSTEN KATER DEINES LEBENS ERINNERN?

Hat es sich wenigstens gelohnt? Erzähl!

Mit wem könntest du es keine fünf Minuten
im selben Raum aushalten?

BEENDE DIESEN SATZ:

Ich war so froh, dass keiner mich gesehen hat, als ich neulich ...

Welches Foto hättest du besser doch nicht gepostet?

WANN MUSSTEST DU DAS LETZTE MAL EINE STRAFE ZAHLEN?

Wofür?

Streitest du oft?

Welche Vorurteile solltest du dringend loswerden?

Zu wem könntest du echt mal freundlicher sein?

BEENDE DIESEN SATZ:

Ich kann mich selbst nicht leiden, wenn ...

WANN HAST DU DAS LETZTE MAL EINEN FREUND ANGELOGEN?

Warum?

WAS IST SCHLIMMER –

Gestank	◯	**oder**	◯	**Lärm**
Kopfschmerzen	◯	**oder**	◯	**Bauchweh**
putzen	◯	**oder**	◯	**einkaufen**
Wäsche aufhängen	◯	**oder**	◯	**Spülmaschine ausräumen**
Hunger	◯	**oder**	◯	**Erschöpfung**
kein Fernseher	◯	**oder**	◯	**kein Telefon**

Weist du andere häufig auf ihre Fehler hin?

....

Hast du schon einmal die Arbeit eines Kollegen sabotiert?

....

Hast du schon mal eine fremde Idee als deine eigene ausgegeben?

....

Schreibst du anonyme Kommentare im Internet?

Welches Essen findest du eklig?

WEN HAST DU SCHON EINMAL VERPETZT?

Und warum?

Was darf
dein Chef / deine Chefin
niemals erfahren?

WAS IST SCHLIMMER –

erfrieren	◯	**oder**	◯	**verdursten**
blind	◯	**oder**	◯	**taub**
Angeber	◯	**oder**	◯	**Mauerblümchen**
versalzen	◯	**oder**	◯	**zu scharf**
schwarzfahren	◯	**oder**	◯	**falschparken**
schmatzen	◯	**oder**	◯	**schnarchen?**

Hast du ein großes Geheimnis?

Was findest du unsympathisch an dir?

In welchen Situationen bist du stur?

Wann hast du dich das letzte Mal über dich selbst geärgert?

Was solltest du eigentlich schon längst erledigt haben?

Was ist spießig an dir?

Was hast du dir hart erarbeitet?

Wie oft hast du im letzten Jahr blaugemacht?

WANN HAST DU DAS LETZTE MAL GELÄSTERT?

Über wen?

Warum?

Wie oft hast du heute schon gelogen?

Wo oder was putzt du garantiert zu selten?

Bist du manchmal geizig?

MAL MAL ...

das peinlichste Tattoo,
das du dir vorstellen kannst.

SHINE BRIGHT LIKE A DIAMOND

ENTWEDER – ODER

Madonna	◯	**oder**	◯	**Michael Jackson**
zu dick	◯	**oder**	◯	**zu dünn**
underdressed	◯	**oder**	◯	**overdressed**
Ruhm	◯	**oder**	◯	**Ehre**
Geld	◯	**oder**	◯	**Liebe**
trendy	◯	**oder**	◯	**zeitlos**
elegant	◯	**oder**	◯	**extravagant**
Lagerfeld	◯	**oder**	◯	**Joop**
Adidas	◯	**oder**	◯	**Nike**

Was ist für dich Genuss?

....

WAS WÄRST DU AM LIEBSTEN?

- ◯ **Supermodel**
- ◯ **Rockstar**
- ◯ **Regierungschef(in)**
- ◯ **Topmanager(in)**
- ◯ **Fußballweltmeister(in)**
- ◯ ....

Was bedeutet für dich Luxus?

Wirst du gern fotografiert?

Welches Parfüm benutzt du?

WAS WÜRDEST DU AM LIEBSTEN GEWINNEN?

- ○ **Medizin-Nobelpreis**
- ○ **Oscar**
- ○ **Deutscher Buchpreis**
- ○ **Echo**
- ○ ……………

AUF EINER SKALA VON 1 BIS 5 –

1 2 3 4 5 **Wie eitel bist du?**

1 2 3 4 5 **Wie oberflächlich bist du?**

1 2 3 4 5 **Wie charmant bist du?**

1 2 3 4 5 **Wie fotogen bist du?**

1 2 3 4 5 **Wie sehr interessierst du dich für Mode?**

1 2 3 4 5 **Wie gut kannst du schauspielern?**

1 2 3 4 5 **Wie gern machst du dich schick?**

1 2 3 4 5 **Wie verwöhnt bist du?**

1 2 3 4 5 **Wie tauglich bist du für den roten Teppich?**

Hast du ein Kleidungsstück, das glitzert?

Wie viel Paar Schuhe besitzt du?

HAST DU SCHON EINMAL VOR PUBLIKUM AUF EINER BÜHNE GESTANDEN?

....

Wie hast du dich gefühlt? ....

Was hast du da oben gemacht? ....

MAL MAL ...

deine Traumvilla.

WO PASST DU AM BESTEN HIN?

- ◯ **auf den Laufsteg**
- ◯ **auf die Opernbühne**
- ◯ **vor die Kamera**
- ◯ **auf Rockfestivalbühnen**
- ◯ ....

Von welchem Künstler würdest du gern porträtiert werden?

....

Bist du schon einmal gewählt worden?

....

Von allen Menschen,
die du kennst,
wer ist am schönsten?

....

HÄTTEST DU CHANCEN BEI »SHOPPING QUEEN«?

Wen würdest du als Shoppingbegleitung mitnehmen?

Welches Motto würdest du dir wünschen?

Und welches Motto wäre furchtbar?

Lässt du dich beim Shoppen gern beraten?

Welche rosafarbenen Kleidungsstücke besitzt du?

Von allen Menschen, die du kennst,
wer ist am prominentesten?

**Wem würdest du dringend
eine Stilberatung empfehlen?**

Von welchem Promi oder Designer würdest du
dich gern mal einkleiden lassen?

**Was ist das Wertvollste,
das du besitzt?**

Kannst du eine Krawatte binden?

MAL MAL ...

dein Lieblingsoutfit.

ENTWEDER-ODER

Silber	◯	**oder**	◯	**Gold**
barfuß	◯	**oder**	◯	**Lackschuh**
Brad Pitt	◯	**oder**	◯	**George Clooney**
Highheels	◯	**oder**	◯	**Sneaker**
schwarz	◯	**oder**	◯	**weiß**
Sekt	◯	**oder**	◯	**Selters**
iPhone	◯	**oder**	◯	**Android**
mieten	◯	**oder**	◯	**kaufen**
Baumwolle	◯	**oder**	◯	**Seide**
Kardeshians	◯	**oder**	◯	**Geissens**

Was wünschst du dir
zu deinem nächsten Geburtstag?

Bist du gepierct?
Wo?

Welche Dinge aus Gold besitzt du?

Hast du mal einen Preis gewonnen?

Wie viele der letzten 30 Fotos
auf deinem Handy sind Selfies?

Was ist heldenhaft?

HAST DU TATTOOS?

Welche?

Willst du (noch) welche?

Welches Jahrzehnt war das coolste in Sachen Stil und Geschmack?

In welcher Situation fühlst du dich schön?

Interessierst du dich für Adelsklatsch?

Hast du die letzten königlichen Hochzeiten im Fernsehen verfolgt?

Was ist dein teuerstes Kleidungsstück?

Welches ist dein auffallendstes Schmuckstück?

Magst du schnelle Autos?

Findest du dein Gesicht
oder deinen Körper schöner?

Wie lange brauchst du morgens im Bad?

Wer ist dein Vorbild in Sachen
Stil und Geschmack?

Wie findest du Schönheits-OPs?

Wie viel Euro würdest du maximal
für ein Paar Schuhe ausgeben?

STELL DIR VOR, DU HÄTTEST AUF EINMAL EIN ZUSÄTZLICHES ZIMMER.

Was wird aus dem Zimmer, wenn es nach dir geht?

- ◯ **Bibliothek**
- ◯ **Gästezimmer**
- ◯ **Ankleidezimmer**
- ◯ **Minikino**
- ◯ **Bällebad**
- ◯ **Büro**

Wenn dir jemand eine Schönheits-OP schenken würde, was würdest du an dir verändern lassen?

Was steht dir besonders gut?

Wie lange brauchst du in deinem Lieblingsklamottenladen?

WAS KÖNNTEST DU JEDEN TAG HABEN?

- ◯ **Kaviar**
- ◯ **Austern**
- ◯ **Kobe-Rind**
- ◯ **Champagner**
- ◯ **Trüffel**
- ◯ **Pizza**

Wie stellst du dir das Leben als Promi vor?

....

Wofür wärst du gern berühmt?

....

Du darfst bei den Oscars über den roten Teppich laufen – was ziehst du an?

....

Kennst du mehr als drei Champagnermarken?

....

GEHST DU GERN ZUM FRISEUR?

Wie oft gehst du zum Friseur?

Trägst du deine echte Haarfarbe?

MAL MAL ...

die Frisur, die du schon immer mal haben wolltest.

Von allen Menschen, die du kennst,
wer ist am besten gekleidet?

Hast du schon einmal auf dem Tisch getanzt?

Von allen Menschen, die du kennst,
wer ist am reichsten?

BESITZT DU POKALE ODER URKUNDEN?

Sind sie in deiner Wohnung zu sehen?

WEM WÜRDEST DU GERN EIN DENKMAL SETZEN?

....

Wofür? ....

MAL MAL ...

das Denkmal, das du schon lange verdient hast.

WAS HAST DU SCHON EINMAL GEMACHT:

- ◯ **mit einer Yacht gefahren**
- ◯ **auf dem roten Teppich gestanden**
- ◯ **ein Interview gegeben**
- ◯ **eine Krone getragen**
- ◯ **mehr als 500 Euro verspielt**
- ◯ **in einer VIP-Lounge gefeiert**

Was bedeutet dir Geld?

Hast du schon einmal bei einem Schönheitswettbewerb mitgemacht?

Mit welchem Promi würdest du gern für eine Woche dein Leben tauschen?

Welchen Teil deines Körpers magst du am liebsten?

Gibt es Schmuck, den du immer trägst?

Lässt du dich gern feiern?

Wann hattest du das letzte Mal richtig Glück?

Kennst du deine genauen Körpermaße?

IRGENDWIE, IRGENDWO, IRGENDWANN

Was ist deine allerschönste
Reiseerinnerung?

Wie häufig machst du Urlaub?

In welcher Stadt würdest du
am liebsten wohnen?

**Welche Länder willst du
unbedingt noch bereisen?**

Welche Sprache würdest du gern lernen?

Was wäre deine Traumreise?

....

Was wäre für dich ein Grund auszuwandern?

....

Machst du auch manchmal
Urlaub zu Hause?

....

WELCHE STÄDTE WILLST DU UNBEDINGT NOCH BESUCHEN?

1 ....

2 ....

3 ....

4 ....

5 ....

Wo, wann und mit wem hast du das letzte Mal gepicknickt?

MAL MAL ...

den schönsten Platz der Welt.

Was ist das Schönste an deiner Heimat?

Was brauchst du, um dich an
einem fremden Ort wohlzufühlen?

WAS SIND DEINE TOP-5-TIPPS FÜR TOURISTEN IN DEINEM HEIMATORT?

1

2

3

4

5

Wie findest du Stadtführungen?

Hast du Freunde im Ausland?

ENTWEDER-ODER

Segelboot	◯	**oder**	◯	**Kreuzfahrtschiff**
Pool	◯	**oder**	◯	**Meer**
Pommesbude	◯	**oder**	◯	**Sternerestaurant**
Hotelbar	◯	**oder**	◯	**Eckkneipe**
Flughafen	◯	**oder**	◯	**Bahnhof**
Bus	◯	**oder**	◯	**Bahn**
Sonnenauf-	◯	**oder**	◯	**Sonnenuntergang**
Nordsee	◯	**oder**	◯	**Ostsee**
Badewanne	◯	**oder**	◯	**Dusche**
All inclusive	◯	**oder**	◯	**Hostel**
Berge	◯	**oder**	◯	**Meer**

Möchtest du mal im Ausland leben
oder hast du schon einmal länger
als ein halbes Jahr im Ausland gelebt?

Wie hoch war der höchste Berg,
den du bestiegen hast?

WIE BIST DU AM LIEBSTEN UNTERWEGS?

- ◯ **zu Fuß**
- ◯ **mit dem Auto**
- ◯ **mit dem Motorrad**
- ◯ **mit der Vespa**
- ◯ **mit dem Rad**
- ◯ **mit dem Zug**
- ◯ **mit Bus und Bahn**
- ◯ **mit dem Flugzeug**
- ◯ **gar nicht**
- ◯ ....

Bekommst du häufiger
Heimweh oder Fernweh?

**Hast du dich schon mal
mit dem Zug verfahren?**

AUF EINER SKALA VON 1 BIS 5 –

(1) (2) (3) (4) (5) **Wie gut ist dein Orientierungssinn?**

(1) (2) (3) (4) (5) **Wie abenteuerlustig bist du?**

(1) (2) (3) (4) (5) **Wie neugierig bist du?**

(1) (2) (3) (4) (5) **Wie gut kannst du Karten lesen?**

(1) (2) (3) (4) (5) **Wie gut kannst du dich mit Händen und Füßen verständigen?**

(1) (2) (3) (4) (5) **Wie gut kannst du Moskitos jagen?**

(1) (2) (3) (4) (5) **Wie gut kannst du Sandburgen bauen?**

(1) (2) (3) (4) (5) **Wie schnell bekommst du Heimweh?**

(1) (2) (3) (4) (5) **Wie gut bist du zu Fuß?**

WELCHE DIESER STÄDTE HAST DU SCHON GESEHEN?

- ◯ **Kairo**
- ◯ **New York**
- ◯ **Tokio**
- ◯ **Shanghai**
- ◯ **Moskau**

Pack deinen Koffer für den nächsten Urlaub – du bestimmst, wo es hingeht.

WAS KOMMT ALLES MIT?

- ◯ Sonnenbrille
- ◯ Kamera
- ◯ Reiseführer
- ◯ Badeanzug
- ◯ Badeanzug
- ◯ Ski oder Snowboard
- ◯ Lesestoff
- ◯ deine schicksten Klamotten
- ◯ Saunahandtuch
- ◯ Impfpass
- ◯ Kopfhörer
- ◯ Wörterbuch

Wohin geht deine nächste Reise?

....

Reist du gern allein?

....

Wie viele Nationalitäten finden sich unter deinen Freunden?

....

FÜHLST DU DICH AM EHESTEN …

- ◯ **als Europäer/in**
- ◯ **als Bürger/in deiner Stadt**
- ◯ **als Bewohner/in deiner Region**
- ◯ **als Bürger/in deines Landes**
- ◯ **überall zu Hause**

MAL MAL …

deine eigene kleine Insel.

Hast du Fotoalben?

WAS GUCKST DU DIR IM STÄDTEURLAUB AM LIEBSTEN AN?

- ◯ **Kirchen**
- ◯ **Museen**
- ◯ **Geschäfte**
- ◯ **Leute**
- ◯ **Sehenswürdigkeiten**
- ◯ **den Reiseführer**
- ◯ **das Frühstücksbüfett im Hotel**
- ◯ **den Markt**

Wie weit entfernt von deinem Geburtsort lebst du?

Schwimmst du im Meer gern weit raus?

In wie vielen verschiedenen Sprachen
kannst du »Ich liebe dich« sagen?

ENTWEDER-ODER

Ski ◯	**oder**	◯ **Snowboard**
Süden ◯	**oder**	◯ **Norden**
Osten ◯	**oder**	◯ **Westen**
Abenteuer ◯	**oder**	◯ **Erholung**
Berlin ◯	**oder**	◯ **Hamburg**
London ◯	**oder**	◯ **Paris**
Nord- ◯	**oder**	◯ **Südamerika**
Reisegruppe ◯	**oder**	◯ **alleine reisen**
New York ◯	**oder**	◯ **Grand Canyon**
Last minute ◯	**oder**	◯ **Frühbucherrabatt**
Wüste ◯	**oder**	◯ **Arktis**

In wie vielen verschiedenen Sprachen
kannst du ein Bier bestellen?

Bist du mal im Nachtzug gereist?

Was war die beeindruckendste Sehenswürdigkeit, die du je gesehen hast?

Probierst du gern ungewöhnliche Gerichte?

WELCHE DIESER STÄDTE KENNST DU?

- ◯ **Berlin**
- ◯ **Köln**
- ◯ **Düsseldorf**
- ◯ **München**
- ◯ **Frankfurt**
- ◯ **Leipzig**
- ◯ **Hamburg**
- ◯ **Stuttgart**
- ◯ **Bremen**

Warst du schon auf jedem Kontinent der Welt?

Warst du schon in sämtlichen deutschen Bundesländern?

Wo warst du so richtig beeindruckt von der Natur?

Welche Reisesouvenirs stehen bei dir in der Wohnung?

Von wo und von wem kam die letzte Postkarte, die du bekommen hast?

An wen und von wo hast du zuletzt eine Postkarte verschickt?

Hast du nach einem Urlaub schon einmal ein Fotobuch drucken lassen oder eine Diashow veranstaltet (und sei es auf dem Screen)?

Wohin ging dein erster Flug?

Besitzt du einen Selfiestick?

In welchem Land gibt es das allerbeste Essen?

Was ist das Beste am Reisen?

Besitzt du einen Brustbeutel?

Was war deine weiteste Reise?

Was war deine schönste Reise?

Wo gefällt es dir so gut,
dass du am liebsten
jedes Jahr hinfahren würdest?

In welchen Sprachen kannst du »danke« sagen?

Wenn du dich in einer fremden Stadt verläufst, wie lange dauert es, bis du nach dem Weg fragst?

WIE KÖNNTEST DU DIR DEIN LEBEN AUCH VORSTELLEN?

- ◯ **als Reiseleiter/in in Kopenhagen**
- ◯ **als Surflehrer/in auf Hawaii**
- ◯ **als Hotelmanager/in in Dubai**
- ◯ **als Wildhüter/in in Südafrika**
- ◯ **als Bergführer/in in den Alpen**

Was fällt dir zum Begriff Abenteuer ein?

Wäre Weltraumtourismus etwas für dich?

Kannst du dich in fremden Ländern gut verständigen, auch wenn du die Landessprache nicht sprichst?

Schließt du in der Regel eine Reiserücktrittsversicherung ab?

Könntest du ohne Weiteres auf Google Maps verzichten, wenn du unterwegs bist?

Kannst du segeln?

Was fällt dir zum Begriff
Flugscham ein?

**Könntest du jederzeit sagen,
wo Norden ist?**

Wo und wann hast du den bisher
schönsten Sternenhimmel gesehen?

Tauchst du gern?

Welche Stempel sind in deinem Reisepass?

Kannst du Autoreifen
wechseln?

Kannst du surfen?

Magst du Camping?

**Hast du schon einmal
an einer Grenzmauer gestanden?**

Kannst du
dein Fahrrad flicken?

AN WELCHEN ORTEN HAST DU SCHON GEWOHNT?

Du darfst drei Monate auf Weltreise gehen.

WIE SÄHE DEINE REISEROUTE AUS?

Jemand schenkt dir ein Interrailticket:
5 Tage lang unbegrenzt Zugfahren durch Europa.

PLANE DEINE REISE!

WE ARE FAMILY

MAL MAL …

deinen Stammbaum.

Für welchen Ratschlag bist du deinen Eltern für immer dankbar?

WIE SIEHT EINE TYPISCHE FAMILIENFEIER BEI EUCH AUS?

Wer kommt alles?

Was und wie wird gefeiert?

Wie findest du Doppelnamen?

Was bedeutet dir deine Familie?

Wie ist dein Verhältnis zu deinen Paten?

Welche Eigenschaften hast du
von deiner Mutter geerbt?

**Welche Eigenschaften hast du
von deinem Vater geerbt?**

In welchen Momenten hast du dich als Kind
besonders geborgen gefühlt?

Wofür bist du deinen Eltern besonders dankbar?

Wie oft telefonierst du mit deinen Eltern?

WIE OFT SIEHST DU DEINE ELTERN?

Worüber sprecht ihr am häufigsten?

Und worüber sprichst du am wenigsten gern?

Haben deine Eltern dir einen zweiten Vornamen gegeben?

Hast du Geschwister?

Hättest du gern mehr Geschwister?

Was würdest du
deine Ururgroßeltern fragen?

**Was hast du dich nie getraut,
deinen Eltern zu sagen?**

Wer aus deiner Familie ist dir
am ehesten ein Vorbild?

ENTWEDER-ODER

Geschwister	◯	oder	◯	Einzelkind
Großstadt	◯	oder	◯	Landleben
Marmelade	◯	oder	◯	Nutella
Rudeltier	◯	oder	◯	Einzelgänger
Früh	◯	oder	◯	spät von zu Hause ausziehen
Mama	◯	oder	◯	Papa

Bist du ein Papakind oder ein Mamakind?

Was fällt dir zum Begriff Heimat ein?

BEENDE DIESEN SATZ:

Das Beste an Weihnachten ist ...

**Was war das schönste Geschenk,
das dir deine Eltern je gemacht haben?**

Wofür bewunderst du deine Mutter?

**Worüber wirst du mit deinem Vater
nie einer Meinung sein?**

Sind deine Eltern noch zusammen?

**Worüber wirst du mit deiner Mutter
nie einer Meinung sein?**

WER GILT ALS SCHWARZES SCHAF IN DEINER FAMILIE?

Warum?

Gibt es eine Familientradition,
die du übernommen hast?

MAL MAL ...
dein eigenes
Familienwappen.

AUF EINER SKALA VON 1 BIS 5 –

① ② ③ ④ ⑤ **Wie gern übernachtest du bei deinen Eltern?**

① ② ③ ④ ⑤ **Wie sehr bist du Familienmensch?**

① ② ③ ④ ⑤ **Wie streng waren deine Eltern mit dir?**

① ② ③ ④ ⑤ **Wie sehr wurdest du als Kind verwöhnt?**

① ② ③ ④ ⑤ **Wie gern denkst du an deine Kindheit zurück?**

① ② ③ ④ ⑤ **Wie sehr unterscheidet sich wohl das Bild von dir, das deine Eltern haben, von dem, das deine engsten Freunde von dir haben?**

① ② ③ ④ ⑤ **Wie sehr brauchst du deine Eltern noch heute im täglichen Leben?**

IN WELCHEM ALTER BIST DU VON ZU HAUSE AUSGEZOGEN?

....

Wie war das für dich? ....

....

Wie war das für deine Eltern? ....

Welche Wörter benutzt man nur in deiner Heimat?

Besuchst du die Gräber
deiner verstorbenen Verwandten?

Was fällt dir zum Begriff Familie ein?

Welche Serien hast du früher
mit deiner Familie zusammen geschaut?

**Kann man deiner Familie
die Verwandtschaft ansehen?**

Was hättest du anders gemacht als deine Eltern, wenn du an deine Erziehung denkst?

Kennst du den Hochzeitstag deiner Eltern (falls sie verheiratet sind)?

Werden bei euch in der Familie Namenstage gefeiert?

Was würdest du gern vererben?

In welchem Alter hattest du das erste Mal das Gefühl, unabhängig von deinen Eltern zu sein?

In welchen Momenten hast du gemerkt, dass deine Familie stolz auf dich ist?

Findest du es wichtig, dass Paare den gleichen Familiennamen haben, wenn sie verheiratet sind?

Wem siehst du ähnlicher, deiner Mutter oder deinem Vater?

Findest du es eine schöne Vorstellung, mit mehreren Generationen unter einem Dach zu wohnen?

Hast du Familienfotos an der Wand hängen?

Kann man mit seinen Eltern befreundet sein?

WELCHE REDEWENDUNGEN MUSSTEST DU DIR ZU HAUSE ANHÖREN?

- ◯ **Ordnung ist das halbe Leben**
- ◯ **Jetzt fängt der Ernst des Lebens an**
- ◯ **Erst die Arbeit, dann das Vergnügen**
- ◯ **Eine Hand wäscht die andere**
- ◯ **Solang du deine Füße unter meinen Tisch stellst …**
- ◯ **Wie heißt das Zauberwort?**
- ◯ **Man isst nicht mit vollem Mund**

Oder gab es bei euch noch ganz andere typische Sprüche?

Zu wem in deiner Familie hast du das größte Vertrauen?

In welchem Alter hast du letzte Mal Ostereier gesucht?

Was waren typische Familienausflüge in deiner Kindheit?

Was verbindest du mit deinen Omas?

Was verbindest du mit deinen Opas?

Leben deine Großeltern noch?

Werden in deiner Familie regelmäßig Familienfotos gemacht?

Was unterscheidet deine Familie von anderen Familien?

Hattest du schon einmal den Gedanken, gern Teil einer anderen Familie zu sein?

Wurdest du für gute Zeugnisse belohnt?

Welchen Beruf wollten deine Eltern für dich?

Womit kannst du deinen Eltern
immer eine Freude machen?

Sind deine Eltern stolz auf dich?

Bist du stolz auf deine Familie?

**In welchen Situationen waren dir
deine Eltern peinlich?**

Hattest du bestimmte Aufgaben im Haushalt,
als du noch bei deinen Eltern gewohnt hast?

Was schmeckt zu Hause bei deinen Eltern am besten?

Zu wem aus deiner Familie hast du ein besonders enges Verhältnis?

BESITZT DU EIN ERBSTÜCK?

Welches?

Findest du, man sollte unbedingt eine Familie gründen?

Welche Spiele werden
in deiner Familie gern gespielt?

**Fährst du mit deinen Eltern
noch in den Urlaub?**

Magst du deinen Familiennamen?

Originalausgabe

Textredaktion: Katharina Theml, Wiesbaden
Einbandgestaltung: fuxbux, Berlin unter Verwendung
einer Illustration von istock / Petro Bevz
Kartenillustrationen auf den Seiten 201 bis 204
© shutterstock: Pyty
Satz: fuxbux, Berlin
Gesetzt aus der Ridley Grotesk
Druck und Einband: Druckerei C. H. Beck, Nördlingen

Printed in Germany
ISBN 978-3-431-05012-7

1 3 5 4 2

Sie finden uns im Internet unter
www.luebbe-sachbuch.de